사라진 이름을 기억하는 곳, 서대문형무소

처음부터 제대로 배우는 한국사 그림책 21

사라진 이름을 기억하는 곳,
서대문형무소_서대문형무소역사관이 들려주는 독립운동가 이야기

초판 1쇄 발행 2024년 3월 5일
초판 2쇄 발행 2025년 5월 27일

글   한영미
그림 이용규

펴낸곳 도서출판 개암나무(주)
펴낸이 김보경
경영관리 총괄 김수현   **경영관리** 배정은 조영재
편집 조원선 김소희 오은정 이혜인   **디자인** 이은주   **마케팅** 이기성
출판등록 2006년 6월 16일   제22-2944호

주소 서울특별시 용산구 한남대로40길 19, 4층(한남동, JD빌딩) (우)04417
전화 (02)6254-0601, 6207-0603   **팩스** (02)6254-0602   **E-mail** gaeam@gaeamnamu.co.kr
개암나무 블로그 http://blog.naver.com/gaeamnamu   **개암나무 카페** http://cafe.naver.com/gaeam

© 한영미, 이용규, 2024
이 책의 저작권은 저자에게 있습니다. 저자와 출판사의 허락 없이 내용의 일부를 인용하거나 발췌하는 것을 금합니다.

ISBN 978-89-6830-809-3 74900
ISBN 978-89-6830-122-3 (세트)

품명 아동 도서 | **제조년월** 2025년 5월 27일 | **사용연령** 10세 이상
제조자명 개암나무(주) | **제조국명** 대한민국 | **전화번호** 02-6254-0601
주소 서울특별시 용산구 한남대로40길 19, 4층(한남동, JD빌딩)

서대문형무소역사관이 들려주는
독립운동가 이야기

사라진 이름을 기억하는 곳, 서대문형무소

한영미 글 이용규 그림

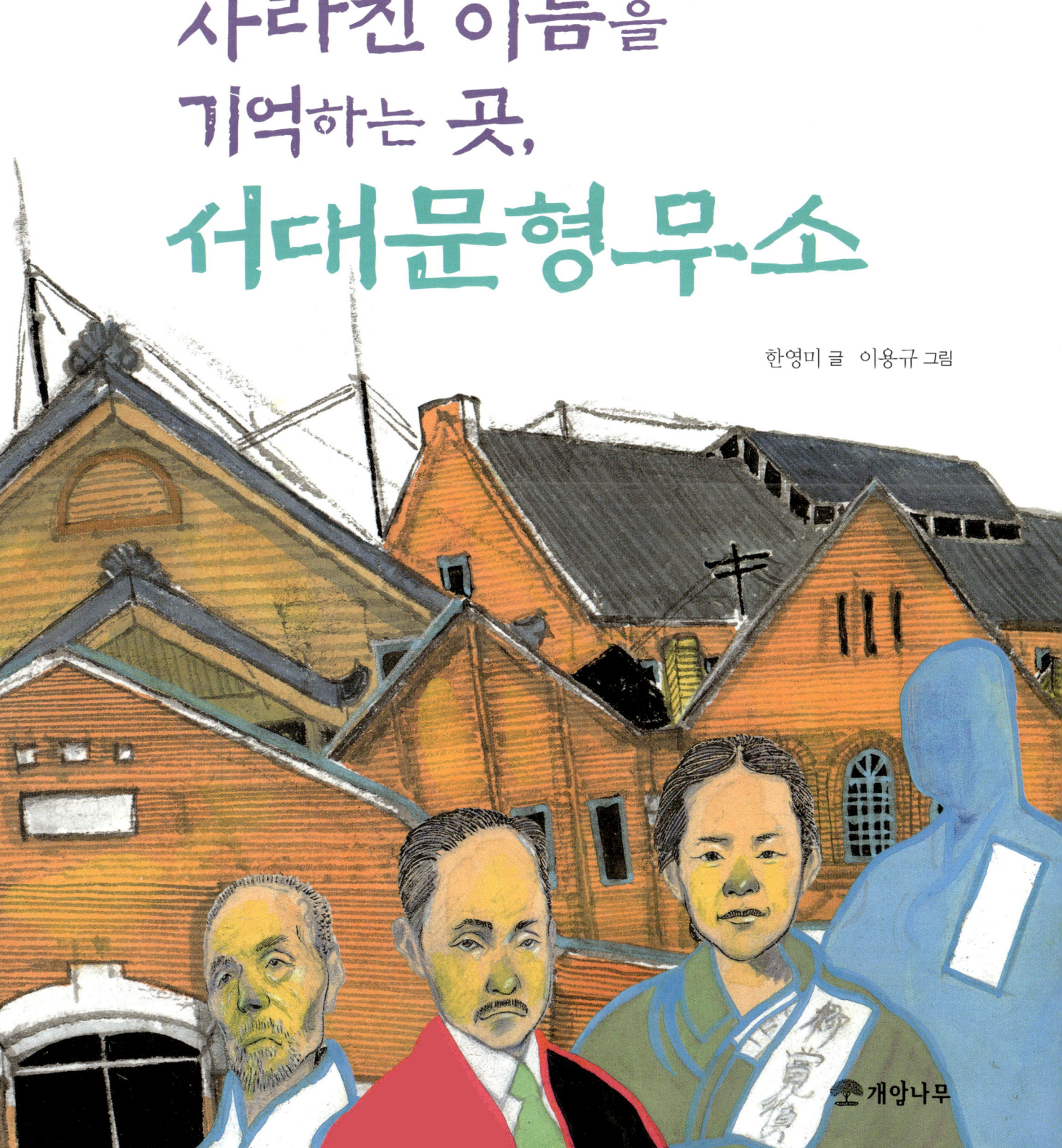

개암나무

단두대 위에 올라서니,
오히려 봄바람이 감도는구나.
몸은 있으나 나라가 없으니,
어찌 감회가 없으리오.

강우규 의사가 사형 직전에 읊은 절명시

어젯밤은 폭풍우가 몰아쳤어.
거센 바람은 나뭇잎을 휘몰아 다니고,
굵은 빗방울은 우당탕 창문을 두드려 댔어.
웅 웅 웅……. 이 소리도 한몫했지.
이 울림은 나에게서 나지만 내가 어쩌지는 못해.
오랜 세월 마치 습관처럼 나오는 소리거든.
저기 누워 있는 미루나무는 내가 품은 이야기가 많아서 나는 소리래.
내가 누구냐고?
나는 서대문형무소역사관이야.
'형무소'라는 말에서 눈치챘겠지만, 그래 맞아.
난 죄인을 가두는 집이었어.

"어이! 역사관, 좋은 아침이야. 오늘 아이들이 온다고 했지?"

미루나무는 나를 역사관이라고 불러.

내가 대답하려는데, 하필 그때 콩새가 날아와 마당 위를 맴돌았어.

미루나무는 느닷없이 끼어든 콩새가 달갑지 않은지 헛기침을 했지.

콩새는 화들짝 놀라 포르르 하늘로 날아가 버렸어.

미루나무가 다시 나에게 말을 걸었어.

"이봐 역사관, 지난번 일은 미안해. 기분 좀 풀지 그래?"

미루나무는 내가 자기에게 삐쳐서 대답하지 않는 줄 알아.
나에게 '독립운동가들을 가두고도 뻔뻔하게 살아 있다'고 했거든.
"내가 주책이지. 이 친구야, 너도 참 답답하다.
지금은 그냥 형무소가 아니라 역사관이라고 받아치지 그랬어?
여느 감옥이 아니라 역사를 간직한 장소로,
일제 강점기 때 역사를 알려 주고 나라의 소중함을 일깨워 주기 위해
거듭났다고 말이야. 그래, 그 말을 못 해서 여태 꽁해 있냐고."

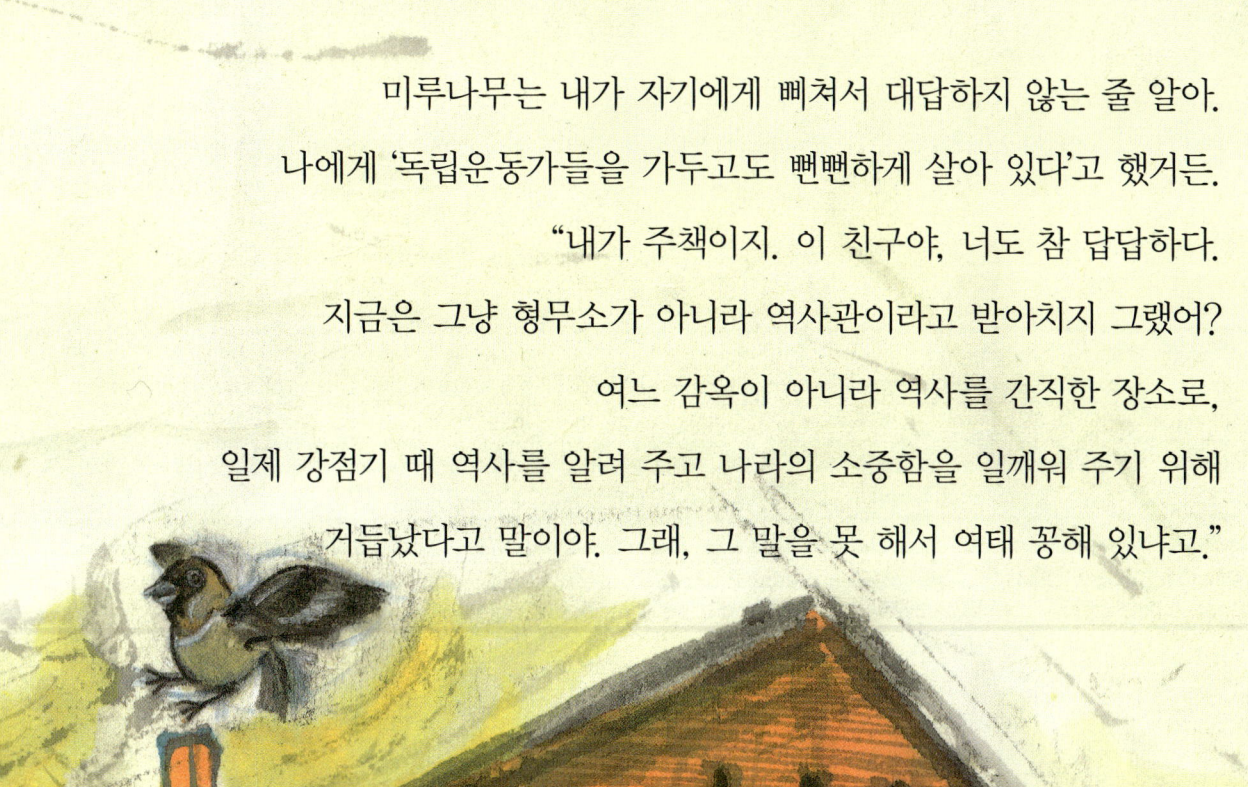

미루나무는 참 아는 것도 많아. 노래는 또 얼마나 잘한다고.
내가 역사관으로 새 단장을 하고부터 사람들이 많이 찾아왔거든.
그때마다 들은 말이며 노래를 다 기억해 두었나 봐.

"아니야. 나 화난 게 아냐. 생각하고 있었어."
"생각? 무슨 생각을 했는데?"
"내가 가두었던 많은 독립운동가들이
지키려 했던 것에 대하여."
"그야, 나라를 지키려던 거잖아."
"그래. 나라가 뭐기에,
나라가 그분들에게 어떤 것이기에,
그토록 지키고 싶었을까?"
미루나무도 생각에 잠긴 듯 잠자코 있었어.

어느덧 해가 둥실 떠올랐어.
환한 햇살과 함께 아이들이 마당으로 들어오고 있어.
아이들은 마치 소풍이라도 온 것처럼 저마다 재잘거렸어.
어떤 아이는 벌써 옥사˚ 안으로 들어와 기웃기웃 둘러봤어.
또 어떤 녀석들은 이 방 저 방 들락거리며 뛰어다녔어.
떠드는 소리를 들어 보니 숨바꼭질하는 것 같았어.
좁은 방이 연달아 있고 방 안에 또 방이 있으니,
숨고 찾기엔 제격이겠지.

옥사 죄인을 가두어 두는 건물을 말해요.

웬만하면 그냥 내버려 두는데 너무 시끄러워서 한마디 했지.
"여기는 빼앗긴 우리나라를 되찾기 위해 애쓰신 분들이 있던 곳이야."
한 아이가 알아듣고 외쳤어.
"독립운동가 말이지요?"
그래. 오늘 그분들 이야기를 해 주려고 해.

1894년 무렵, 우리나라 조선은 매우 어수선했어.
관리들은 백성들에게 제멋대로 세금을 징수하고
강제로 재산을 빼앗았어.
특히 농민들이 피해를 많이 입었어.
그들은 참다못해 주먹을 불끈 쥐고 일어났지.
봉기˚가 불같이 일어나자 임금은 청나라에 도움을 요청했어.

봉기   벌 떼처럼 떼 지어 세차게 일어나는 것을 말해요.

이에 일제는 조선에 사는 일본인을 보호한다며 조선에 군대를 보냈어.
조선이 혼란스러운 틈을 타 발을 내디딘 거야.
그러고는 이 땅에서 주도권을 잡기 위해 청나라와 전쟁을 일으켰어.
조선 땅에서 외국 군대 둘이 서로 물러나라고 싸운 거지.
이 전쟁에서 이긴 일제는 점점 세력을 뻗어 나갔어.

그러자 나라가 위태롭다고 생각한 명성황후는 러시아에 도움을 요청했어.
그게 못마땅했던 일제는 황후를 시해하는 끔찍한 일을 저질렀지.
한 나라의 국모를 죽인 일제는 1905년 을사늑약을 맺고,
본격적으로 조선 정치에 간섭하기 시작했어.

조선 사람들은 일제에 저항했어.
그들을 이 땅에서 몰아내기 위해 의병을 일으키고,
독립운동을 위한 비밀 단체도 만들었지.
비밀 단체 중에 신민회가 있었어.
일제는 신민회를 해산시키기 위해 갖은 수를 다 썼어.
1911년에는 일본 총독을 죽이려 했다며
신민회 회원 600여 명을 잡아들였어.
자기네들에게 저항한 조선인들을 마구잡이로 잡아 가둔 거야.

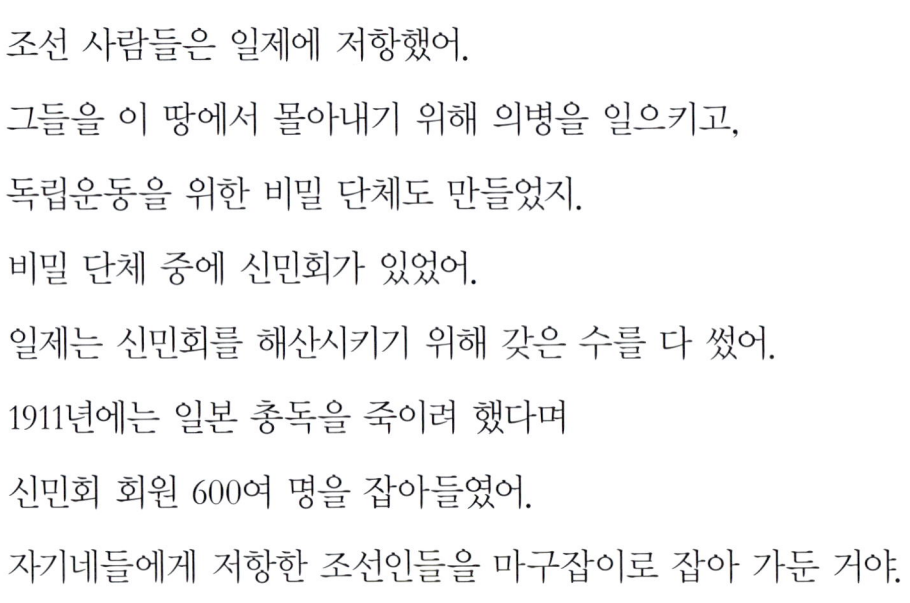

그러다 보니 감옥이 많이 필요했고, 전국 주요 도시에 형무소를 지었어.
그때 경성에 이 서대문형무소가 지어졌지.
전국적으로 형무소는 늘어나고, 거리에는 일본 경찰이 활보했어.
때때로 굵은 줄에 묶여 끌려가는 조선인들이 보였지.
그야말로 조선은 어둡고 불안하고 조심스러운 시대로 가고 있었어.

우리가 잘 아는 흰 두루마기를 입은 김구도 이때 잡혀 들어와.
김구가 서대문형무소에 들어왔을 때 방 풍경은 어땠을까?
수감자들이 누워 있는 모습이 마치 콩나물 대가리 같았대.
방이 비좁아 한 사람씩 엇갈리게 누워서 자야 했지.

그러고도 누울 자리가 모자라면 힘센 사람 둘이
좌우에서 각각 판자벽에 등을 붙이고 두 발로 누운 사람의 가슴을
힘껏 밀었어. 그러면 여기저기서 가슴뼈 부러진다고 야단들이었지.
나는 아직도 그 광경을 떠올리면 비참함에 눈물이 나.

이런 환경 속에서도 김구는 독립에 대한 의지를 심어 주려고 노력했어.

형기를 마친 후에는 상하이로 가서 임시정부 활동을 했지.

그에게는 임시정부의 뜰을 쓸고 문지기가 되겠다는 강한 의지가 있었어.

나중에는 윤봉길 의거를 계획해.

일제는 김구를 잡으려고 높은 현상금도 걸었어.

김구가 쓴 유명한 글이 있어.

의거 정의를 위하여 개인이나 집단이 의로운 일을 궁리하는 것을 말해요.

네 소원이 무엇이냐고 하나님께서 물으신다면 나는 서슴지 않고

내 소원은 오직 대한독립이라고 대답할 것이다.

그다음 소원은 무엇이냐고 물으시면

나는 또 우리나라의 독립이라고 할 것이요.

또 그다음 소원이 무엇이냐고 물으셔도

나는 더욱 소리를 높여

'내 소원은 우리나라 대한의 완전한 자주독립이오' 하고 대답할 것이다.

3·1 만세 운동 직후에 많은 독립운동가가 잡혀 왔어. 만세 운동의 열기는 일제가 1910년 강제로 한일병합조약을 맺으면서 더욱 격렬해졌지. 일제는 우리 백성들의 거센 저항에도 아랑곳하지 않고 조선을 일본의 한 지방쯤으로 취급하며 무력으로 통치하기 시작했어.

책을 출판하거나 신문을 발간하는 것도 금지했어.
학교에서는 일본 말과 일본 역사를 가르쳤지.
하지만 억압하면 할수록 조선인들은 독립에 대한 의지를 더욱 불태웠고,
결국 만세 운동을 하게 된 거야.

1919년 3월 1일, 만세 운동으로 한용운이 잡혀 들어와.
한용운은 이날을 위해 종교인, 지식인, 재력가,
사회적으로 널리 알려진 사람들을 모아
33명의 민족 대표단을 만들었어.
태화관에서는 민족 대표들이 독립선언서를 낭독하고,
탑골공원에서도 수많은 학생과 시민이 독립 만세를 외쳤지.

일본 경찰들은 총을 쏘고 칼을 휘둘러 사람들을 쓰러뜨렸어.
태화관에도 들이닥쳐 민족 대표들을 체포해 갔지.
이때 한용운이 일본 경찰들에게 호통쳤어.
"조선 사람이 조선 독립을 선언했는데 그게 무슨 죄란 말이냐."
나는 이곳에서도 늘 당당하던 한용운의 굳센 표정을 기억해.
아무리 혹독한 고문에도 신음 한 번 내지 않았지.

고문이 뭐냐고?

일본 경찰이 독립운동가들에게 했던 온갖 고통스러운 짓이야.

물이 든 욕조에 머리를 처박게 하고,

손톱 밑을 쇠꼬챙이로 찌르기도 했어.

나무 상자 안에 들어가라고도 했지.

상자는 사람이 몸을 잔뜩 웅크려야 들어갈 수 있을 정도로 좁아.

게다가 안쪽에는 쇠못이 박혀 있지.

일본 경찰은 상자를 발로 차며 흔들었어.

벽관도 있어. 말 그대로 벽에 세워 두는 관이야.

사람을 그 안에 오래 가두면 온몸이 마비될 정도로 고통스럽지.

한용운은 그런 고문을 묵묵히 버텼어.

일본 경찰은 자기들을 우습게 본다면서 점점 더 심하게 고문했어.

3년간 지옥 같은 고문을 견디고 풀려난 그는 마중 온 이들에게 말했어.

"그대들은 마중하는 사람만 되지 말고

마중 받는 사람도 되어 보지 않으려나?"

3·1 운동 후엔 3천 명이나 되는 독립운동가들이 이곳에 잡혀 왔어.
방 한 평에 네 명이 들어가야 할 판이었지.
한 평은 대략 한 변의 길이가 180cm인 정사각형으로,
아마 네 사람이 누우면 여유 공간이 거의 없었을 거야.
이런 힘든 수감 생활을 꿋꿋하게 버텨 낸 어린 학생도 있었어.
경성고등보통학교 4학년생 심훈이야.
그는 당시 조선 학생들이 그렇듯 차별과 억압을 참을 수 없었어.

3학년 때 일본인 교사가 대놓고 조선인을 무시하고 흉보자,
수학 시험지를 백지로 내며 저항했어.
4학년이 되던 1919년엔 3월 1일과 5일, 만세 운동에 참여하여
8개월 동안 이곳에 갇히게 돼.
훗날, 심훈은 작가가 되었어.
미루나무가 읊조리는 시 중에는 심훈이 쓴 '그날이 오면'도 있어.
한번 시켜 볼까 했더니, 아직도 눈을 지그시 감고 있네.

대신 내가 심훈이 쓴 편지를 들려줄게.
여기 갇혔을 때 어머께 쓴 편지인데,
들어 보면 이곳 분위기가 어떠했는지 잘 알 수 있을 거야.

어머님, 날이 몹시 더워서 풀도 자라지 못하는 감옥 속에
햇볕은 뜨겁게 내리쬐고 방 안은 고약한 냄새로 가득합니다.
밤에는 다리조차 뻗을 수 없는 공간에 누워 빈대, 벼룩에게 살점이
뜯겨 나가 한 달 동안이나 밤을 새워야 했습니다.
그러나 이상하게도 여기 있는 사람들은
누구도 괴로워하지 않습니다.
어느 누구도 감옥에 들어온 것을 후회하지 않고
오히려 눈빛이 샛별처럼 반짝입니다.

다음은 어느 독립운동가 이야기를 해 줄까?
아이들이 눈을 반짝이며 내 이야기를 기다렸어.
그때였어.
"으앙으앙."
어디선가 아이 우는 소리가 들려왔어.
"다들 어딨어? 어딨냐고!"

소리 나는 곳은 격벽장 쪽이야. 독립운동가들이 운동하던 곳이지.
서로 만나지 못하게 벽을 마치 부챗살처럼 촘촘히 세웠어.
꼭짓점 부분에 서 있으면 벽 사이사이를 한눈에 감시할 수가 있지.
물론 맨 끝은 막혀 있어. 아마 그래서 아이가 놀란 눈치야.
마침 그 위를 날던 콩새가 아이를 돕고 있어.
콩새를 따라 격벽장에서 빠져나온 아이를 보니,
아까 숨바꼭질하던 그 아이야. 녀석 참.

아이들이 두리번거리더니 누워 있는 미루나무에게 가자고 했어.

역시 미루나무는 아이들에게 인기라니까.

"나무가 왜 누워 있어요?"

"나이가 많은 것 같은데……."

아이들 소리에 눈을 번쩍 뜬 미루나무가 말했어.

"할아버지가 노래 불러 줄까, 옛날이야기 해 줄까?"

아, 그런데 콩새가 와서 또 쫑알거리는 거야.
"들으나 마나 옛날 노래겠지. 들으나 마나 고릿적 이야기겠지."
아이들은 콩새가 좋은지, 콩새를 보자 우아, 소리 지르며 방방 뛰었어.
콩새가 사형장 쪽으로 가니까 아이들도 따라갔어.
난 마침 잘 되었다 생각했어. 사형장을 보면 떠오르는 분이 있거든.
시무룩해진 미루나무를 위로하고 아이들에게 이야기를 시작했어.

백발의 독립투사 강우규가 바로 이 끔찍한 집으로 들어갔지.
걸음새가 얼마나 당당한지. 용수를 쓰고 있었지만
나는 대번에 그가 강우규란 걸 알았어.
듣자 하니 강우규는 새로 부임해 온 총독을 처단하려고 했다더군.

강우규는 그자를 막아야 한다고 생각했어.
그렇지 않으면 조선은 영원히 일본의 식민지가 되어,
역사와 전통, 말과 글까지 잃게 될 테니까.

1919년 9월 2일, 조선 총독이 부임한 날.
강우규는 총독이 남대문역(지금의 서울역)에서
마차에 오를 때를 기다려 폭탄을 던졌어.
안타깝게도 폭탄은 빗나갔지만 역 광장은 아수라장이 되었지.
도심 한복판에서 터진 폭탄은 일본을 잔뜩 긴장시켰어.

몸을 피한 강우규는 숨어 다니며 다시 기회를 잡으려던 중에
체포돼 사형을 선고받았어.
다음 해 11월 29일, 강우규는 65세의 나이로 생을 마감했어.
그는 사형장에서 시를 읊었어.
시에는 나라 잃은 슬픔과 독립을 못 보고 죽어야 하는
한탄이 깊게 서려 있어.
죽음을 앞두고도 나라를 걱정하는 시를 읊었던
강우규의 마음은 어떠했을까?

서대문형무소에는 여자 독립운동가만 가둔 '여옥사'가 따로 있어.
여자 독립운동가 하면 유관순이 딱 떠오를 거야.
이화학당 학생이던 유관순이 여기 8호 방에 온 건 18세 꽃다운 나이였어.
이 방엔 심영식, 어윤희, 권애라, 신관빈, 임명애, 김향화도 있었어.
이들은 감옥 생활의 고달픈 마음을 노래로 지어 부르곤 했어.

"감옥살이 일곱 명 진흙색 일복을 입고
두 무릎을 꿇고 앉아 주님께 기도드릴 때
접시 두 개 콩밥 덩이 창문 옆에 던져 줄 때
피눈물로 기도했네 피눈물로 기도했네."

1920년 3월 1일 오후 2시경에는
8호방에서 대한 독립 만세 소리가 터져 나왔어.
3·1 운동 1주년 기념으로 옥중 투쟁을 한 거야.
3천여 명의 수감자들도 같이 만세를 외쳤는데,
그 소리가 밖에까지 퍼져 나갔어.
사람들이 몰려들었고, 전차 통행이 마비되어
경찰 기마대가 출동했지.

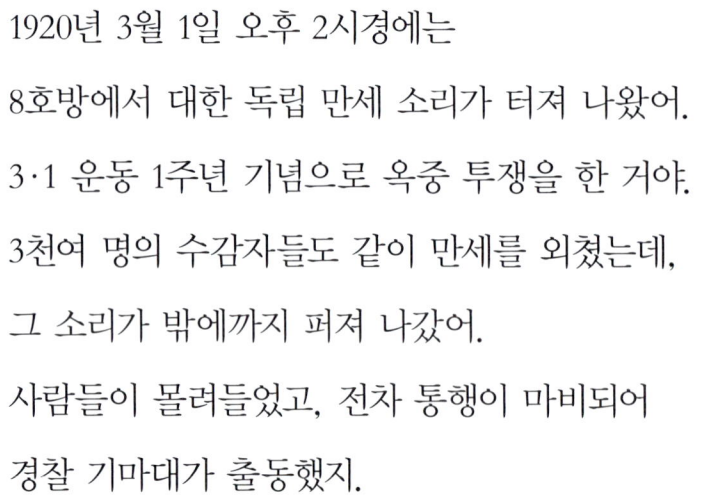

이 일로 유관순은 물론 많은 독립운동가들이 심한 고문을 당했지.
유관순은 오랫동안 계속된 고문과 영양실조로,
1920년 9월 28일, 19세의 나이에 이곳에서 숨을 거두었어.

소식을 듣고 이화학당 선생님과 친구들이 찾아오자,
한바탕 소동이 일었어.
고문 흔적을 외부에 보여 주고 싶지 않은 간수들이
유관순의 시신을 내어 줄 수 없다는 거야.
외국 선교사들이 신문에 내겠다고 하자
그제야 마지못해 내어 주었지.

두 번이나 이곳에 수감되었던 김마리아 이야기도 해 줄게.
일본 유학생이자 세련된 신여성 김마리아는
1919년 3월 5일 만세 시위 때문에 처음 이곳에 왔어.
이 시위에 정신여학교 학생들이 많이 참여한 것을 안 일본 경찰은
김마리아를 체포했어.
김마리아가 학생들과 독립운동에 대해 의논한 적이 있었거든.

6개월간 심한 고문에도 독립 정신을 굽히지 않았던 김마리아는
풀려난 뒤에도 애국부인회 활동과
임시정부에 군자금을 전달하는 일을 했어.
그러던 중 동료의 배신으로 체포되어 이곳에 또 오게 되었지.
그 후 김마리아는 고문 후유증을 앓으면서도,
상하이로 가서 임시정부 활동을 이어 나갔어.

1936년 쌀쌀한 어느 겨울 날, 유관순처럼 어린 여학생이 들어왔어.
그 여학생이 바로 항일노동운동가 이병희야.
이병희는 경성여자상업학교에 다니다 일본인이 경영하는 회사에 여공으로 취직했어.
그곳에서 여공들을 모아 임금 인상 투쟁을 하고 독립운동을 이끌다 잡혀, 2년 4개월이라는 긴 시간 동안 옥고를 치렀어.

이병희는 노동운동과 독립운동을 멈추지 않아,
체포되고 풀려나기를 반복했어.
1940년에는 베이징으로 가 무력독립단체인 의열단에 입단해.
의열단원들 간의 문서를 전달하는 일과 군자금 모집 활동을 했어.

그러던 중 시인 이육사와 함께 베이징 감옥에 갇히게 되었어.
그때 이병희는 독립운동 대신 결혼하는 조건으로
풀려났는데, 닷새 뒤 이육사가 감옥에서 사망했다는 연락을 받아.
이병희는 이육사의 시신을 수습하고 유품을 잘 간직했어.
유품 중에 '청포도' '광야' 등의 시가 있었거든.
이병희가 나서지 않았다면 이육사의 아름다운 시는
땅속에 묻히고 말았을 거야.

일제는 1930년에 이르자 더욱 교묘하고 악랄하게
조선인을 탄압했어.
터무니없게도 조선인을 일본인으로 바꾸려는 정책을 펴는 거야.
학교에서 조선어를 쓰지 못하게 하고,
이름도 일본식으로 바꾸도록 했어.
일본과 조선은 하나라며 차별하지 않을 것처럼 떠들고는,
실제로는 일본과 일본 왕에게 충성하라고 부추겼지.

이 무렵 나, 서대문형무소도 변화를 겪었어.
새로운 옥사를 짓기 시작한 거야.
잡혀 들어온 독립운동가가 점점 많아져서
이들만 따로 가둘 옥사가 필요했거든.
독립운동가들이 일반 죄수들에게 영향을 주는 걸
막으려는 의도도 있었지.

1931년에 2층 규모의 옥사를 새로 지었고,
1935년에는 독립운동가만 가두는 독방 옥사가 완공되었어.
총 50여 동의 건물, 높이 4m의 담장과 10m의 감시탑,
붉은 벽돌과 견고한 콘크리트로 이뤄진 대규모 감옥이 완성된 거야.
건립 당시에는 3,900여 평의 작은 수용 시설이었지만,
확장이 끝난 1936년에는 1만 5,400여 평까지 규모가 커졌어.

한창 건물을 늘릴 무렵에
상하이에서 붙잡힌 독립운동가들이 이곳에 끌려왔어.
그중에 안창호도 있었어.
그때가 1932년 봄이야.
훙커우 공원에서 윤봉길의 의거가 있었는데,
그 일을 계기로 조선 지도자들을 무조건 잡아들였다고 하더라고.

안창호는 조선 사람이라면 다 알 만큼 이름난 사람이었어.
조선의 통감이었던 이토 히로부미와의 대화에서도 당당했지.
이토 히로부미는 일본뿐만 아니라 한국과 중국도
서양 못지않게 발전시키는 것이 자기 목표라며 협조해 달라고 했어.
안창호는 한국의 개혁과 발전은 한국인들 스스로의 힘과 노력에
맡겨야 한다며 간섭하지 말라고 딱 잘라 말했지.

안창호가 또다시 이곳으로 잡혀 들어온 건 1937년 여름이야.
기독교 청년회에서 '독립을 위한 기독교인의 역할'이라는 인쇄물을
국내 지부에 보냈는데 그게 일제에 발각된 거야.
이 사건으로 안창호를 비롯한 181명이 체포되었어.
그때 안창호의 나이가 59세야.
안창호는 계속되는 고문과 감옥살이로 여러 질병을 앓았고,
병보석으로 풀려났지만 끝내 병을 이겨 내지 못했어.

병보석 법적 판결이 나지 않은 상태로 갇혀 있는 사람이 병이 날 경우 그를 석방하는 일을 말해요.

이곳에 갇힌 독립운동가 중에 여운형을 빼놓을 수 없어.
여운형도 안창호처럼 상하이에서 잡혀 조선으로 압송되었어.
여운형은 상하이에서 여러 단체를 만들어 독립운동을 펼쳤어.
그중에는 중국 사람들과 함께 만든 단체도 있었어.
여운형은 중국에서도 대표적인 독립운동가로 이름을 떨쳤지.
그러던 중 체포되어 여기에서 3년 동안이나 갇혀 지냈어.

압송 죄인을 어느 한 곳에서 다른 곳으로 보내는 일을 말해요.

석방된 후에는 조선중앙일보 신문사의 사장이 되어
언론을 활용하여 독립운동을 펼쳤어.
1936년 제11회 베를린 하계 올림픽이 열리던 해,
손기정 선수가 금메달을 따자, 일제는 손기정을 일본 사람이라고 했지.
하지만 여운형은 손기정의 사진에서 일장기를 지우고
신문에 냈어. 이 일로 여운형은 잡혀가고 신문사는 문을 닫았지.

1945년 8월 15일, 라디오에서 일본 왕의 목소리가 들려왔어.
무조건 항복을 선언한다는 내용이었어.
그 소식은 옥사 안에 순식간에 퍼졌어.
여기저기서 독립 만세 소리가 터져 나왔지.
35년의 굴욕적인 역사가 끝나고 광복이 된 거야.

그런데 일본은 끝까지 만행을 멈추지 않았어.
광복이 되었는데도 독립운동가들을 풀어 주지 않고
사형 집행을 하는 거야.
여운형이 급히 조선총독부를 찾아갔어.
"감옥에 있는 우리 독립운동가들을 즉시 석방하시오."
하지만 그들은 하루가 지난 16일에야 문을 열어 주었어.
일본 간수들은 독립운동가들을 탄압한 증거들을 불태우고
서둘러 일본으로 돌아갔어.

광복 후에도 나는 서울교도소, 서울구치소라는
이름으로 여기 서 있었어.
그때부터는 주로 민주화 운동을 하던 사람들이 들어왔어.
아직 민주화는 이루지 못한 70~80년대의 일이야.

1987년 11월에는 서울구치소가 경기도로 이전했어.
그때 몇 개의 건물만 남고 모두 철거되었지.
그 후 나는 서대문형무소역사관으로 거듭나
독립운동과 민주화 운동에 대한 전시를 하고 있단다.

어느덧 저녁이 되고, 날이 어두워졌어.
아이들은 모두 집으로 돌아갔지.
고요해진 마당을 보름달이 환히 비추었어.
콩새는 미루나무 가지에 앉아 자고 있고,
미루나무도 단잠에 빠진 것 같았어.
그때였어.
늘 그렇듯이 소리가 들려왔어.
웅 웅 웅······.

미루나무가 깼는지 부스럭거렸어. 또 한바탕 잔소리를 늘어놓겠지.
"역사관, 저기를 봐."
뜻밖에도 미루나무가 조심스런 목소리로 9옥사 쪽을 가리켰어.

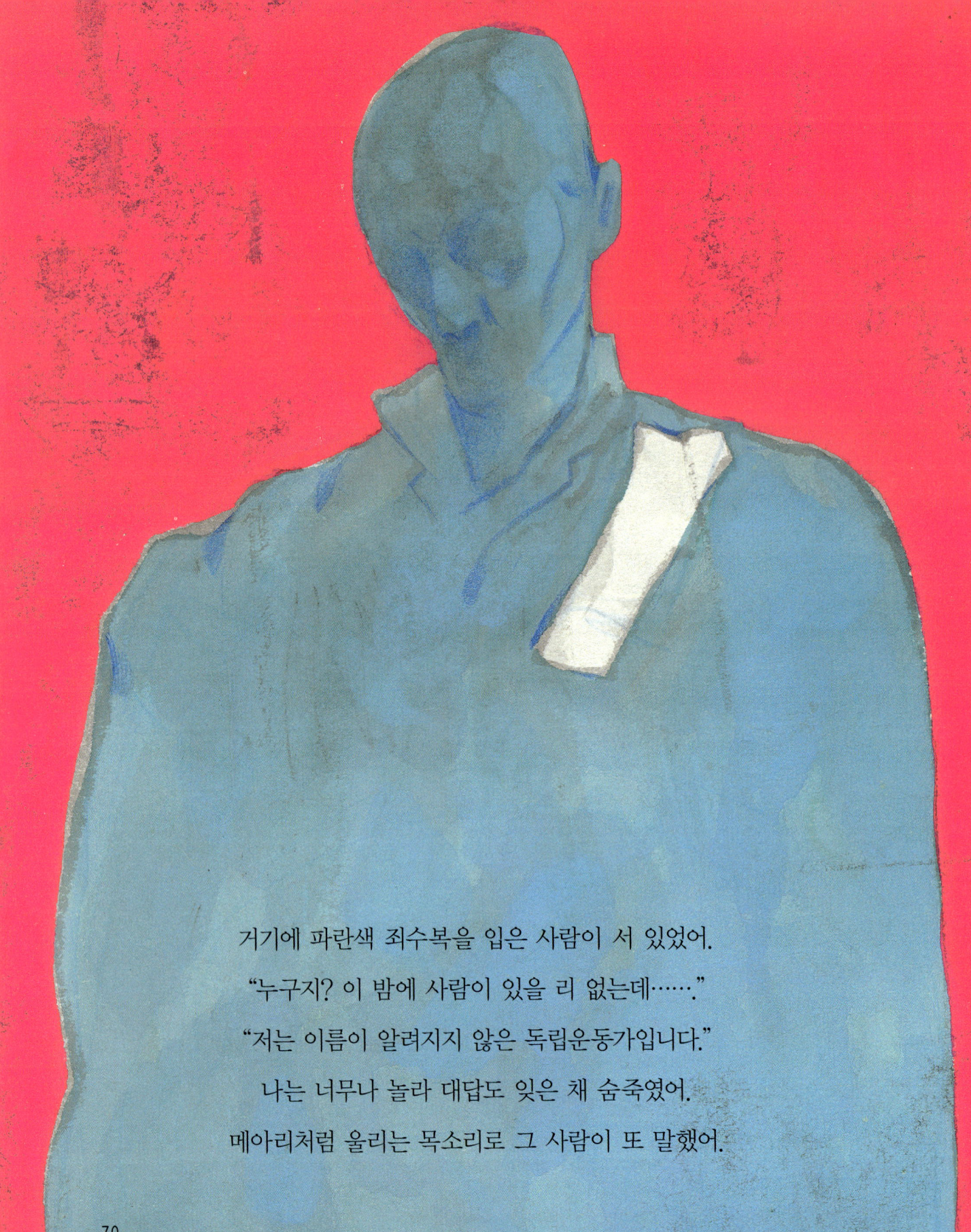

거기에 파란색 죄수복을 입은 사람이 서 있었어.
"누구지? 이 밤에 사람이 있을 리 없는데……."
"저는 이름이 알려지지 않은 독립운동가입니다."
나는 너무나 놀라 대답도 잊은 채 숨죽였어.
메아리처럼 울리는 목소리로 그 사람이 또 말했어.

"당신이 독립운동가 이야기를 하기에 기다렸습니다. 끝내 제 이름은 말하지 않더군요. 괜찮아요. 이름을 남기려고 독립운동을 한 것은 아니니까요. 하지만 저도 할 말이 있습니다."
"네. 하십시오. 우리가 들어드리리다."
미루나무가 자못 점잖은 목소리로 대답했어.

"저는 시골에서 경성으로 유학 온 학생이었어요.
만세 운동을 하다 잡혀 이곳에 들어왔습니다.
여기 갇혀 있는 동안 부모님 생각이 많이 났습니다.
별일 없겠지, 하는 마음으로 저를 기다리셨을 텐데…….
결국 저는 부모님을 뵙지 못했습니다.
부모님께 인사 한마디 못 한 것이 안타깝습니다."

이름이 알려지지 않은 독립운동가가 먼 곳을 바라보았어.
아마 고향 쪽일 거야.
나는 독립운동가에게 부모님을 대신하여 뭔가 해 드리고 싶었어.
"당신을 이 태극기로 감싸 드리고 싶습니다."

나는 내가 달고 있는 커다란 태극기가 매우 자랑스러웠어.
내 몸에는 상처가 많아. 일본 간수들의 괴롭힘 때문에 생긴
독립운동가들의 아픈 흔적이야.
그걸 태극기가 이불처럼 덮어 줘서 따뜻하거든.
미루나무가 말했어.
"역사관이 당신에게 태극기를 떼어 드린다면
나는 노래를 불러 드리겠습니다."
드디어 미루나무가 부르는 심훈의 '그날이 오면'을
들을 수 있게 되었네.

그날이 오면, 그날이 오면
삼각산이 일어나 더덩실 춤이라도 추고
한강물이 뒤집혀 용솟음칠 그날이
이 목숨이 끊어지기 전에 와 주기만 한다면

"할아버지, 할아버지, 밤에 무슨 노래야? 잠이 깼잖아."
하필 그때 콩새가 쫑알거리는 통에 독립운동가가 사라졌어.
이름을 물어봤어야 하는데…….
미루나무가 말했어.
"역사관, 생각해 보니 우리가 모르는 독립운동가도 많을 것 같아."

"서대문형무소에 갇혔던 독립운동가만 10만여 명이나 돼.
이름이 알려진 분들보다 그렇지 못한 분들이 훨씬 더 많지.
그분들의 노력이 모여 독립을 이룬 거야."
미루나무가 9옥사 쪽 마당을 아쉬운 눈길로 바라봤어.
나 역시 그분이 다시 나타나기를 기다리고 있건만,
눈치 없는 콩새는 푸드덕 소리까지 내며 하늘을 날아다녔어.
폭풍우 치던 밤을 겪고 보니 보름달이 뜬 지금이 좋아서 그렇겠지.

마당으로 돌아온 콩새가 미루나무에게 쫑알거렸어.

"할아버지, 아까 했던 질문의 답을 역사관님이 찾은 것 같아."

"아, 맞다. 우리 처음에, 나라에 대한 이야기를 했었지?"

내가 대답했어.

"나라는 말이야. 우리를 자유롭게 해 주는 날개이며,

튼튼하게 받쳐 주는 의자이기도 해.

또한 편안히 감싸 주는 울타리이기도 하지.

만약 독립운동가들이 없었다면……"

나도 모르게 목소리가 먹먹해졌지만 하려던 말을 마저 했어.
"이빛나 어린이는 지금쯤 나카무라 히카리 어린이가 됐을지도 몰라.
올림픽에 우리나라 선수가 일본인으로 나가야 할지도 모르고.
지금 세계를 휩쓸고 있는 한류 열풍도 없고,
세종대왕이 물려주신 한글도 쓸 수 없었을 거야.
어쩌면 대한민국은 역사에서 지워졌을지도 몰라."

잠자코 듣고 있던 미루나무가 그 깊은 목소리로 말했어.
"지금 우리 어린이들이 자랑스러운 한국인으로 살 수 있는 건
고통과 두려움을 무릅쓰고 투쟁한 분들의 희생 덕분이지."
콩새가 고갯짓을 하더니 자유를 만끽하듯 달빛으로 환한 하늘을 날았어.
미루나무와 나는 누가 먼저랄 것 없이 추모관 앞으로 왔어.
우리는 이 나라를 지켜 낸 독립운동가들에게
감사의 마음으로 고개를 숙였지.

서대문형무소역사관이 들려주는
독립운동가 이야기

서대문형무소는 1908년 일제에 의해 지어진 이래, 일제 강점기의 독립운동가와 해방 후 민주화 운동을 했던 분들이 수감되었던 감옥이에요. 지금은 사적 제324호로 지정되어 역사관으로 운영하고 있지요. 서대문형무소역사관이 간직한 아픔과 우리 민족의 독립운동에 대해 자세히 살펴볼까요?

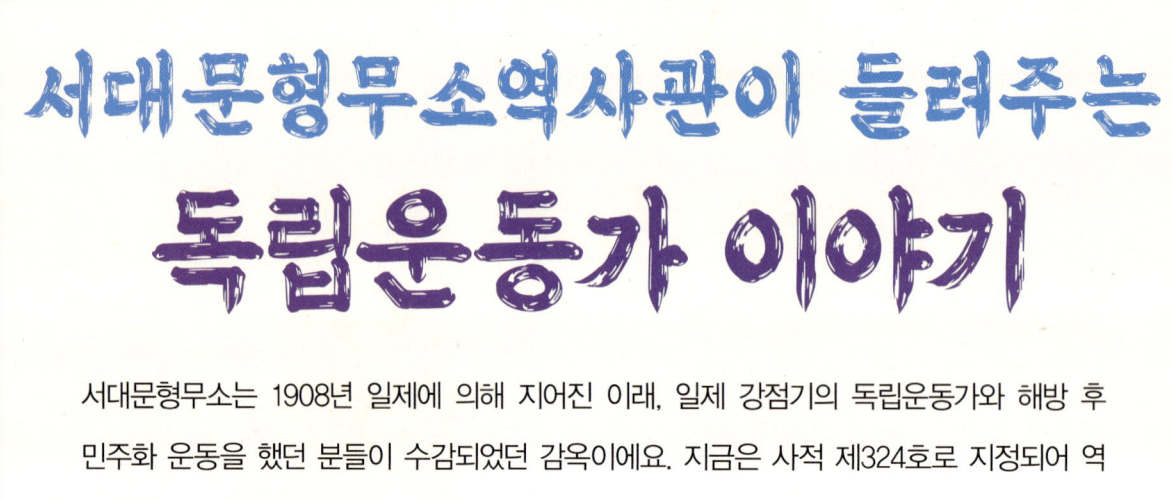

조선 말기 우리나라의 분위기는 어떠했나요?

1890년대, 조선은 매우 어수선했어요. 부패한 관리들은 백성에게 제멋대로 세금을 매기고 강제로 재물을 빼앗아 갔지요. 괴로움에 견디다 못한 백성들이 탐관오리들을 처단하자며 들고 일어났어요. 그게 바로 1894년 동학농민혁명이에요. 탐관오리를 처단하자며 봉기가 불처럼 일어났지만 조정에선 손을 쓸 능력이 없었어요. 결국 농민군을 진압한다는 구실로 일본과 청나라가 조선에 군대를 보냈어요. 이렇게 청일전쟁이 시작되었지요.

이 전쟁에서 이긴 일본은 본격적으로 조선에 내정간섭을 시작했어요. 일본에 나라가 넘어갈 판이니 농민군들은 다시 들고 일어났지요. 이번엔 외세를 막아 내자고 외쳤어요. 일본군에 관군까지 진압에 동원되자, 결국 농민군은 공주 우금치에서 패했어요.

이 무렵 조선에서는 러시아에 기대려는 움직임이 일었어요. 명성황후가 러시아에 도움을 요청하자 1895년, 일본 자객들이 경복궁을 습격해 명성황후를 시해했어요. 조선에서 확실하게 세력을 잡기 위해서 벌인 일이었지요. 이게 바로 을미년에 일어난 변란인 을미사변이에요.

임금도 조정 대신들도 믿을 수 없게 되자, 백성들이 또다시 직접 목숨 걸고 나섰어요. 일본은 아랑곳하지 않고 1904년 2월 23일, 6개 조항의 한일의정서를 체결했어요. 한일의정서는 조선은 일본을 믿고 일본의 충고를 받아들이며, 제3국의 침해나 내란 등 위험이 있을 때 일본이 대응할 수 있도록 편의를 제공하고, 다른 나라와는 이 조약을 위반하는 협정을 맺을 수 없다는 내용이에요. 조선을 지배하려는 나라들이 조선 땅에서 전쟁을 일으키면 그 전쟁에 필요한 물자와 노동력까지 제공해야 한다는 거예요.

이 조약을 발판으로 일본은 러시아와 전쟁을 승리로 이끌고, 고종황제와 대신들에게 보호조약을 체결하도록 강요했어요. 대신들을 매수하고 협박하고 가두기도 했어요. 결국 박제순·이지용·이근택·이완용·권중현, 다섯 대신이 일본 편을 들어 조약이 체결되었어요. 1905년에 강제로 체결된 조약이기에 '을사늑약'이라고 해요.

일제가 세운 통감부 관사.

이 조약에 따라 일본은 조선에 통감부를 설치해서 국내 정치에 간섭하기 시작했어요. 바람 앞의 등불 같은 신세가 되자 고종황제는 을사늑약이 무효라는 것을 알

리기 위해 헤이그에서 열리는 만국평화회의에 비밀 특사를 파견했어요. 하지만 일본의 방해로 회의장에 들어갈 수도 없었어요. 이 일을 빌미로 일본은 고종을 폐위하고, 순종을 황제의 자리에 올렸어요. 조선의 군대를 해산시키고, 외교권과 군대와 정치를 비롯한 거의 모든 것을 장악하게 돼요.

국권을 빼앗은 일본은 1910년부터 1945년까지 우리 민족을 어떻게 괴롭혔나요?

1910년 일본은 강제로 한일병합조약을 맺고, 우리나라에 총독부를 설치했어요. 우리나라를 일본의 한 지방쯤으로 취급하며 통치를 시작한 거예요.

1910년에서 1919년까지를 무단통치 시대라고 해요. 무단통치란 군대나 경찰의 무력을 이용해 다스리는 정치를 말해요. 군인으로 구성된 일본 헌병은 의병이나 독립운동가를 발견 즉시 죽일 수 있었어요. 주민들을 감시하고, 사람들이 모여 있으면 체포해 고문했어요. 책을 출판하고 신문을 발간하는 것을 막았으며 집회도 금지했어요. 학교에서는 조선의 역사가 열등°하다고 가르쳤고, 일본말과 일본 역사를 가르쳤어요.

1920년대에 접어들면서 일본은 통치 방식을 바꿔요. 3·1 운동 이후 무력으로 통치하는 것이 오히려 저항과 반발을 일으킨다고 생각한 거예요. 이른바 우리의 문화와 전통을 어느 정도 인정해 주는 문화통치를 시작해요. 이 시기에 일본은 헌병 대신 보통 경찰을 두고, 총독으로 군인이 아닌 민간인을 뽑겠다고 했어요. 하지만 민간인 총독은 한 번도 없었고, 경찰과 감옥은 늘어났고 탄압은 더 심해졌어요. 조선중앙일보, 동아일보

열등 보통의 수준보다 낮은 등급이나 상태를 말해요.

경복궁 자리에 세웠던 조선총독부 건물. 지금은 철거하고 경복궁을 복원했어요.

등 우리나라 사람들이 발행하는 신문을 허가했지만, 검열이 심했어요. 일본에 반대하는 기사는 삭제하거나 내용을 왜곡시키기도 하고, 신문사를 문 닫게 하기도 했어요. 겉으로는 우리나라 사람들에게 기회를 주는 것처럼 보였지만 더 상실감을 느끼게 하는 정책이었지요.

　1930년대는 민족 말살 통치 정책을 폈어요. 이 정책의 목표는 우리 민족정신을 없애고, 우리 민족을 완전히 일본처럼 만드는 거예요. 그래서 내건 구호가 내선일체, 황국신민화지요. 내선일체는 내국인(일본)과 조선은 한 몸이라는 뜻이고, 황국신민화는 우리 민족을 일본 천황의 충실한 백성으로 만든다는 뜻이에요. 그렇게 되어야 일본에 저항할 생각이 안

들고, 일본이 일으킨 전쟁에 이용하기 쉬울 거라 생각한 거죠. 이때 학교에서는 조선어 사용을 금지하고 일본어만 쓰도록 했어요. 이름도 일본식으로 바꾸도록 했지요. 이에 따르지 않으면 일자리를 얻을 수 없었으며 학교에도 다닐 수 없었어요. 이 과정에서 친일파는 늘어났고, 조선인들은 서로 믿지 못하는 분위기로 치달았어요.

우리 민족은 나라를 되찾기 위해 어떤 노력을 했나요?

위기에 처한 나라를 구하기 위해 모인 사람들

을미사변 이후 어수선한 상황을 헤쳐 나가기 위해선 국민들 사이에 단합이 필요했어요. 하지만 국민들은 우리나라가 어떤 위기에 처했는지 잘 몰랐어요. 1896년 2월 11일에 고종황제가 러시아 공사관으로 피신했는데, 이런 심각한 일도 알 수 없었죠. 이에 신문의 필요성을 느낀 서재필이 〈독립신문〉을 창간해요. 이어서 이상재, 윤치호, 손병희, 남궁억 등이 뜻을 모아 1896년 7월 2일 독립협회를 창립하죠. 이들은 세계 만국에 조선이 독립국임을 보여 주기 위해 독립문, 독립관, 독립공원 건립을 추진했어요. 만민공동회와 같은 토론회와 강연회도 열어 자주독립을 주장하고 애국사상을 드높였어요. 하지만 몇몇 인사들의 정부에 대한 비판 열기가 거세지자 고종황제는 만민공동회에 해체령을 내렸고, 독립협회 역시 3년도 채 못 되어 해산하게 되었어요.

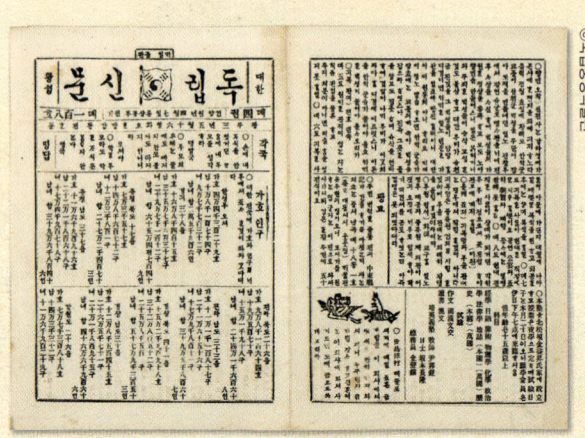

1899년 5월 16일 자 독립신문.

애국계몽운동에 힘쓴 사람들

안창호는 교육을 통한 애국계몽운동을 주장하며, 1907년에 신민회라는 비밀 단체를 만들었어요. 이동휘, 오천석, 신채호, 이회영, 이상재 등 내로라하는 독립운동가들이 대거 참여하지요. 신민회에서는 신문과 잡지를 발행하고, 학교를 세워 인재를 기르기 시작했어요. 무장투쟁을 위해 해외에 무관학교를 세워 독립군 양성에도 힘을 기울였어요. 1910년 11월, 황해도 신천에서 군자금을 모집하던 안명근이 체포되었을 때, 신민회의 존재가 드러나요. 일본은 신민회를 없애기 위해 총독 암살을 모의했다고 사건을 조작해 독립운동가 600여 명을 검거해요. 이 중 윤치호, 양기탁, 이승훈, 등 대표 인물 105명을 서대문형무소에 가두지요. 이 사건을 '105인 사건'이라고 해요.

일제의 총칼에 맞서 만세 운동을 일으킨 사람들

고종황제가 갑작스럽게 서거하자 일본이 독살했다는 소문이 우리 국민들 사이에 돌았어요. 일본에 대한 분노와 울분은 극에 달했죠. 고종의 장례식을 이틀 앞둔 1919년 3월 1일, 한용운을 비롯한 손병희, 이승훈, 백용성, 권병덕 등 민족 대표들은 탑골 공원에서 독립선언서를 낭독하고 만세 운동을 하기로 했어요. 만세 운동 장소를 탑골공원에서 태화관으로 바꾸는데, 이는 탑골공원에서 하면 자칫 학생들과 국민들이 위험해질까 걱정되었기 때문이에요. 태화관에 모인 민족 대표들은 독립선언서를 낭독하고 조선 독립 만세를 외쳤어요. 그와 동시에 탑골공원에서도 학생들과 시민들이 독립 만세를 외치며 거리를 행진했어요. 이때 많은 사람이 일본 경찰의 총과 칼에 다치거나 죽었어요. 서대문형무소로 끌려가 취조와 고문을 받은 사람도 많았어요. 우리가 잘 알고 있는 유관순, 최은희, 나혜석도 만세 운동을 하다 구속되었어요.

1926년 6월 10일 조선의 마지막 황제였던 순종의 장례식 날, 2만 4천여 명의 학생들이 만세 운동을 일으켰어요. 학생들은 장례 행렬이 지나는 곳곳에서 격문˚을 뿌리면서 독립 만세를 외쳤어요. 격문의 내용은 '일본 제국주의 타도', '토지는 농민에게', '우리의 교육은 우리들 손에' 등이었어요. 삼엄한 경계를 펼치던 5천여 명의 일본군과 경찰에 의해, 전문학교와 고등보통학교 학생 등 2백여 명이 체포되었어요. 이 6·10 만세 운동은 학생들이 독자적인 주체였다는 점에서 더욱 뜻깊은 독립운동이에요.

독립운동에 국민 모두가 참여하도록 이끈 사람들

안재홍, 이상재, 김병로, 오화영 등 민족주의자와 홍명희, 허헌 등 사회주의자들이 모여 신간회라는 독립운동 단체를 만들었어요. 이들은 1927년 2월에서 1931년 5월까지 민족 계몽을 위한 강연회 개최 및 한국

격문 어떤 일을 여러 사람에게 알리어 부추기는 글을 말해요.

어 교육에 대한 연구 활동을 했어요. 1929년 광주학생항일운동이 일어나자 진상 파악을 위한 조사단을 파견하고, 국민 모두가 참여하는 항일 독립운동으로 발전시키려는 움직임을 보였어요. 서울에 본부를 두고 전국적으로 120~150여 개의 지회가 있었으며, 회원은 2만 명에서 4만 명 규모로, 가장 규모가 컸던 항일사회운동단체라고 할 수 있어요. 하지만 일본의 탄압으로 40여 명이 구속되자 구성원들 사이에 의견 충돌이 심해져 4년 만에 해산했어요.

임시정부 요인들의 독립운동

1919년 3·1 운동 후, 우리 민족은 국권을 회복하고 독립운동을 이끌기 위해 정부의 필요성을 느끼게 돼요. 이에 여운형, 이회영, 이시영, 신채호, 김동삼 등이 중국 상하이에 우리나라 임시정부를 세우고, 이승만을 초대 대통령으로 세웠어요. 나중에 김구, 이동휘, 안창호 등도 참여하죠. 임시정부를 중국 상하이에 세운 것은

1921년에 촬영한 대한민국 임시정부 및 임시의정원 신년 축하 기념사진.

당시 그곳이 프랑스 영토였기에 일본의 눈을 피할 수 있었고, 세계 여러 나라의 공사관이 있어 외교 활동에 유리했기 때문이에요.

임시정부 요인들은 일제 강점기 내내 우리나라의 독립을 위해 여러 방면에서 노력했어요. 독립운동 자금을 모으고, 독립 활동에 대한 소식을 전하고 민족 교육을 위해 독립신문과 사료 편찬소를 만들었어요. 이봉창·윤봉길의 의거를 계획한 한인애국단도 조직하고, 1940년 9월 15일에는 한국광복군을 만들었어요.

무력을 갖춘 독립운동가들의 활약

1940년 9월 17일, 대한민국임시정부를 세운 독립운동가들은 중국 충칭에서 한국광복군을 만들었어요. 만주와 연해주에는 몇몇 독립군단들이 무장 항일투쟁을 하고 있었는데, 이 세력들을 모아 정규군을 만든 거예요. 무력을 갖춘 한국광복군은 일본이 일으킨 태평양 전쟁에 연합군과 함께 참여했으며, 특수 부대로 활약했어요. 이 특수 부대는 국내로 들어와 일본군과 싸울 계획을 세웠어요.

하지만 1945년 8월 15일, 일본이 갑자기 항복 선언을 하는 바람에 그 계획은 이루어지지 못했지요. 독립은 기쁜 소식이었지만 일본의 패전으로 인해 우리 민족 스스로 독립을 이룰 기회를 놓쳤다는 점은 다소 안타까웠지요.

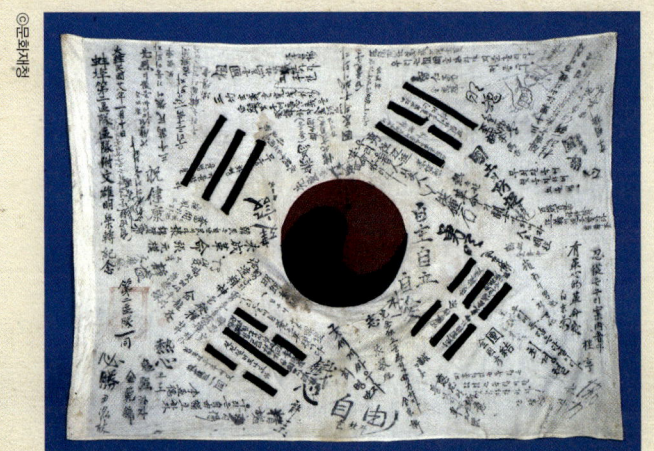

광복 후, 우리 군은 한국광복군의 역사를 계승했다고 밝혔으며, 2017년엔 공식적으로 대한민국 국군의 일부임을 인정하였어요.

독립기념관에 전시된 한국광복군 서명문 태극기.

알려지지는 않았지만 나라 위해 목숨 바친 수많은 독립운동가들

우리가 알고 있는 독립운동가보다 이름이 알려지지 않는 독립운동가가 훨씬 더 많아요. 서대문형무소에 갇혔던 독립운동가만 해도 10만여 명이나 되니, 전국 방방곡곡에서 크고 작은 만세 운동을 일으키고, 독립을 위해 발로 뛴 사람들까지 합하면, 그 수는 어마어마하지요. 나무꾼, 상인, 광부, 농부, 어부, 아낙, 학생 등등. 만세군 또는 독립군이라 불렸던 이분들이 힘을 보탰기에 우리는 독립을 이룰 수 있었던 거예요. 오로지 나라의 독립만을 위해 자기 목숨을 바치신 이런 분들의 이름이 비록 세상에 드러나지 못하더라도 그분들의 숭고한 뜻을 잊지 말기로 해요.

역사관이 된 서대문형무소

일본은 강제로 한일병합 조약을 맺은 후, 일본에 반대하는 자들을 가둘 감옥이 필요했어요. 그래서 1908년에 서대문형무소를 지었지요.

❶ 추모 공간
나라를 위해 돌아가신 분들을 기리는 공간이에요.

❷ 사형장
사형을 집행하던 곳이에요.

❸ 시구문
사형장에서 사형 집행 후 시신을 바깥으로 내가는 문이에요.

❹ 격벽장
수감자들이 운동하던 곳이에요.

❺ 창고

❻ 여옥사
유관순, 김마리아, 이병희 등 여성 독립운동가들이 갇혔던 곳이에요.

서대문형무소는 이후 80년 동안 감옥으로 사용되었어요. 일제 강점기엔 독립운동가들이, 해방 후엔 독재·군사 정권에 저항했던 민주화 운동가들이 갇혔어요. 오늘날에는 자유와 평화를 향한 신념을 기억하는 역사관으로 운영하고 있어요.

❼ 공작사
수감자들이 노역을 하던 공간이에요.

❽ 한센병사
한센병에 걸린 수감자들을 가두던 곳이에요.

❾ 중앙사 및 9~12옥사
수감자들을 가두던 감옥이에요.

❿ 전시관(보안과청사)
서대문형무소의 업무를 총괄하던 공간으로, 1층은 사무실, 2층은 회의실과 소장실이 있고 지하에는 고문실이 있어요. 고문실은 일본이 우리 독립운동가에게 했던 고문의 잔혹함을 드러내고 있어요.

⓫ 취사장(뮤지엄샵)

⓬ 화장실

작가의 말

우리들이 품어야 할 독립운동가

3월의 어느 봄날, 자료조사를 위해 서대문형무소에 갔습니다. 언덕 위 서대문형무소를 향해 발걸음을 옮기면서 독립운동가들을 한 분 한 분 떠올려 보았어요. 유관순, 안창호, 김구, 한용운, 여운형⋯⋯. 이런 유명한 분들의 이야기를 좀 더 잘 쓰고 싶어서 취재하러 가는 거나 다름없는 길이었죠.

전시관은 일제 강점기와 독립운동가에 대한 여러 가지 이야기를 잘 보여 주고 있었습니다. 고문 도구를 보면서 '나라면 과연 독립운동을 할 수 있었을까?' 하는 생각도 했습니다. 벽에 독립운동가의 사진을 빼곡하게 전시해 놓은 곳도 있었어요. 참 많은 분들이 독립운동을 하셨다는 걸 새삼 느끼며, 이름과 얼굴이 알려진 독립운동가를 찾아보기도 했지요. 마치 숨은그림찾기를 하듯 말이에요.

발걸음을 옮겨 형무소 건물을 둘러보는데 커다란 태극기가 눈에 띄었습니다. 한쪽 벽을 가득 채운 태극기가 형무소를 왠지 이불처럼 덮어 주고 있다는 느낌이 들었어요. 그 벽에 이곳에 머무르셨던 독립운동가들의 체취가 스며 있을지도 모른다는 생각이 들자, 좀 전에 봤던 수많은 독립운동가의